Chris-Tine Döhring, geb. 1965 in Neuruppin, lebt in der Prignitz / Brandenburg und schreibt seit mehreren Jahren Lyrik.

Für Johannes

Chris-Tine Döhring

Beziehungen

Ein- und Ausblicke

Gedichte

© 2016 Chris-Tine Döhring
Umschlag, Fotos: Chris-Tine Döhring

Verlag: tredition GmbH, Hamburg

ISBN
Paperback   978-3-7345-7048-3
Hardcover   978-3-7345-7049-0
e-Book   978-3-7345-7050-6

Printed in Germany

Inhaltsverzeichnis

»Wir haben das Schweben verlernt,

Weh uns, wir kleben am Weg.«

Mascha Kaléko, Für Chemjo zu Pessach 1944

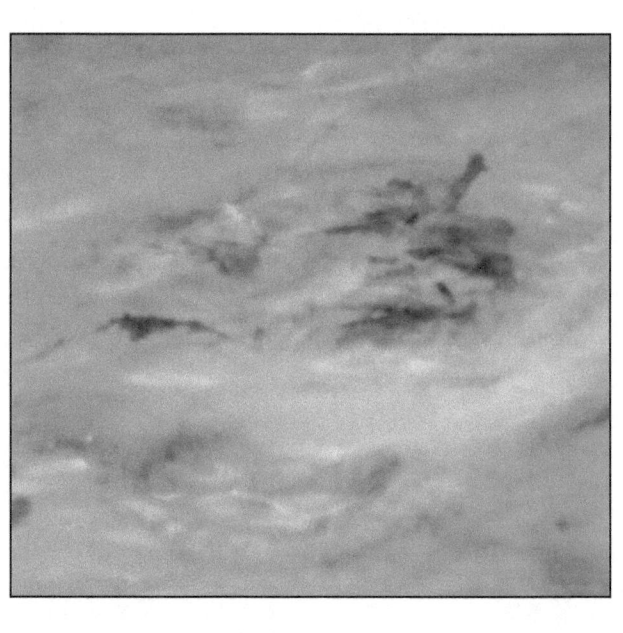

Bitte an dich

Lass uns noch einen Moment
Vor dieser Tiefe stehen
Bleiben und wenn das Meer
Über uns wieder brennt

(Erst später nur
Von der Sonne gelöscht)

Werden wir einfach
In unsere Bilder zurückfallen

Bilder die überlebten
Auf einer wässrigen Wand

Im Pyjama

Zwischen uns

Der junge Morgen

Du strickst Glück

Und flüsterst

Dass ich deine Masche bin

Mühelos

(Weiße Küsse)

Am Ende des Anfangs
Gehen Augen geschlossen auf die Knie

Platzt ein Mund vor Staunen
Reißt alle Nähte zwischen uns auf
Schweißt lieber weiße Küsse zusammen

Wie zwei Fahnen im Wind
Gehisst ganz mühelos
Gleich neben einem Wunder

Traumfrau

Aus letzten Nebelfäden

Spinne ich ein Gesicht

In das weiche Morgentuch

Darunter liegst du und

Verschläfst meinen Traum

Glücksfall

Den Fall aus

Zeitfenstern

Hat es überlebt

Fremde Stimmen

Zu seinen Füßen

Nur etwas Erde zerbeult...

Winken sie ab

Ein Aufatmen und

Die Nerven wiedergefunden

So könntest du liegen bleiben

Bis es müde wird

Verdächtig

Meine Nerven

Hast du mir ausgespannt

Das Herz lauter gedreht

Denn so plötzlich

War da diese Anzeige

Auf die Bauchwand gekritzelt

Dass ich wusste

Jetzt suche ich dich

Mi(e)nenspiel

Da ist so
Eine Falte in
Deinem Lachen

Die du ungespielt glattstreichst

Als ob ich
Dein Ernst bin

Botanischer Liebeswunsch

Eine neue Zeit pflanzen

Eine baumhohe Zeit

Und vielleicht

Wächst auch ein Nest

In ihren Zweigen

Dort könnten wir uns

Mit Liebe füttern

Uns dieses hungrige Kind

Andersland

Blaue Kugeln schliefen
In den Bäumen
Der Wind flocht seine
Wilden Zöpfe in die Äste

Und etwas sah wie wir
An den Himmeln hingen
Wie jeder Kuss
Sich seine Lippen formte

Und als wir später
Müde und mondverbrannt
Mit den Wiesen im Gras lagen

Sah es in allem
Den Traum

Engelszungen

Vielleicht sind es

Engelszungen

Die deinen Mund

Ganz leise öffnen

Wie ein weises Himmelstor

Jedes Wort beflügeln

Bis es reden kann

Als wärst du hier

Aus dem Traum gefallen

Aus deinen Lippen
Blutet leise die Enttäuschung

Kein Rot mehr übrig fürs Herz
Selbst die Wolken über dir
Laufen blau an

Wie dein Atem in Not
Hastet ein Gefühl hautabwärts

Wer
Rettet den Schmerz

Schmerzlos

Ich warte noch

Auf den

Ungebrochenen Willen

Dann krieche ich schmerzlos

Bis in die Ecken

Deiner Gedanken

Um auszuräumen

Was zwischen uns steht

Kurzer Atem

Als dein Mund
Meine Lippen umarmte
Tanzte ich mir glücklich
Die Augen rund

Als in meinen Händen
Ein verblühtes Blumenkind wuchs
Wusste ich

Es war kein Wunder

Augen zeugen

Unsere Nächte

Lieben sich

Zeugen Augen

Die …

Jetzt fällst du

Aus der Rolle

Die ich für dich schrieb

Weggefährten

Anders ist
Alles gekommen

Als unsere Füße
Den Himmel berührten

Ist er gegangen

Stiller Niemand

Niemand sprach
Niemand schnitzte sich einen Ton
Aus dem holzigen Frost

Und niemand schob leise
Seine Wände vor die Tür

Was aber schweigt nun
So laut dagegen

Asyl

Dem Schmerz
Ist eine Brust gewachsen

Ein Asyl brotloser Herzen
Die sich irgendwie durchschlagen

Wenn das Meer der Liebe
Morgen untergeht

Vielleicht

Wenn die Schatten in
Voller Blüte stehen vielleicht
Verduften wir

Veränderung

Die Blumen auf deinem Kleid
Werden weiter blühen

Doch wir tragen
Keinen Sommer mehr
Und wir passen noch nicht
In die Zeit

Die in der Luft hängt
Wie ein zu großer
Zipfel blutroter Erinnerung

Entscheidung

Wir haben volle Seiten
Leer geschrieben

Aber wenn unsere Blicke
In Sprache ausbrechen

Wollen wir danebenliegen
Oder als Lesezeichen bleiben
Zwischen dir und mir

Was bleibt

Bäume sammeln
Ihr Laub

Unter unseren Füßen
Verrennt sich das Leben
In Erinnerung

Und wir gehen
Ins Land
Mit der Zeit

Trostpflaster

Alle Tränen
Hier sind sie begraben

Hier
Wo die Haut der Steine reißt

Liegt dein Gang still wie Trost
Auf dem Pflaster und wärmt

Wiedergeburt

Hier hast du die Nacht
Mit Lichtschaufeln begraben

Nun treten sie hervor
Die unermüdlichen Adern
Durch die die Hoffnung wie Blut rauscht

Bis Stunden wie zu feste Bänder
Ihre Muster ins Handgelenk schneiden
Bleibt noch Zeit

Dann möchtest du sie lockern
Und neu geboren werden

Eigenleben

Jetzt wo er vorübergeht

Dieser eine Moment

An dem Worte sich wie

Blinde auf das nasse Gras

Meiner Zunge legen könnten

Schleicht der Zweifel

Von selbst zurück

In sein Herz

Nah dran

Wie lange

Du auch wartest

Mit dem Abschied

Wenn sich erst

Die traurigen Züge

Vor deinen Mund werfen

Halt meine Hand auf

Sonst entgleisen wir

Wegzehrung

Wir rufen uns Sterne zu
In fremder Nacht

Proviant einer Liebe
Die durch den Himmel geht

Bevor sie verglüht

Versuchung

Bleib doch noch

Wir könnten
Den Durst kaltstellen
Und später
Die Liebe anschneiden

So Stück für Stück
Ein Biss ins Herz

Nähe

Ich breche mir leise

Nur einen Zweig

Aus deinem Glanz im Haar

Schon trage ich auf der Haut

Ein neues Blätterkleid

Und wachse und wachse

In dich hinein

Festmahl

Du streust Wiesen
Auf mein Butterbrot

Ich beiße Herzen
Aus der Rinde duftender Liebe

Und wir schmecken
Uns zusammen

Seine Seide

Der kleine Wind

Er hat sich nur leise umgedreht

In meinem Haar

Den Schlaf ausgezogen

Schon trug seine Seide mein brennendes Kleid

Wenn wir uns gegen Küsse tauschen

Über gelöste Scheitel hinweg

Sale

Die Ware Liebe

Ihr Rot gleich

Neben angebissenen Küssen

Und einem letzten Date

Wie billig

Denke ich aber

Was sonst noch

Auf den Lippen hängt

Verkauft sich nicht

Liebesmüh'

Ich hauche Löcher

In gerahmtes Glas

Schwer zu finden

Wie du zwischen

All den Wortgruppen

Im Kartenhaus

Bitterlimo

(Der Sommer danach)

An welchem Abend war es
Zu viel geröteter Schmerz
Auf Eis gewürfelt

Jetzt trinke ich Trost
Aus durstigen Händen

Denn du bleibst das Glas
Das ich nicht halten kann

Heimatlos

Ausgezogen
Im See letzter Worte

Wo werden wir
Zuhause sein

Wenn das Frieren
Nicht untergeht

Echo

Hinter dir fällt

Die Tür

Ins Luftschloss

Nimm

Deinen Abschied mit

Wenn

Du gehst

Ringtausch

Das Gold rieselt stetig
Von den Zahlen

Zwischen uns stehen
Tüten voller Nachtluft

Die Ringe der Augen
Sind getauscht
Da sagst du plötzlich

So schwer ist es nicht
Zusammenzubleiben

Aggregatzustand

Etwas Festes

Sind wir der

Schnee von morgen

Seit gestern

Zwei Sonnen schmolzen

Auf der Butterseite

Des Glücks

Mutprobe

Meinetwegen

Können wir

Übers Wasser gehen

Aber nimm endlich den Kopf

Aus dem Sand

Waagschale

Wie viel

Ein Wort wiegt

Wenn es tot ist

Leichter

Wird es nicht

Grenzerfahrung

Als Atemzüge
In der Luft entgleisten

Fuhren wir neben
Dem Leben weiter
Kamen wir nicht

Schlusspunkt

Ein letztes Mal
Schlage ich meine Fragen
Neben deinen Lippen auf

Ein Zelt voller Kinder
Singst du zurück in den Schlaf

Schließt hinter mir
Leise den Traum

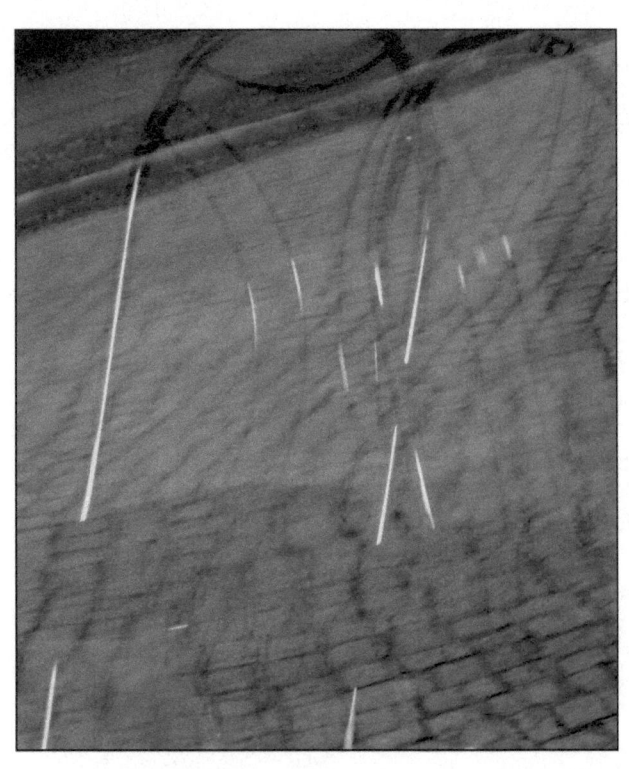

Danach

Ich denke dir nach
Wie du so gehst

Dein Mantel im Wind
Trägt alles am Leib

Was mir fehlt…

Zeitfracht Medien GmbH
Ferdinand-Jühlke-Straße 7
99095 Erfurt, Deutschland
produktsicherheit@kolibri360.de